Der Kalender

Dörte-Carolin Muus, Maren Saam

Klasse 1/2

Verlag an der Ruhr

Impressum

Titel
Werkstatt kompakt
Der Kalender – Kopiervorlagen mit Arbeitsblättern

Autorinnen
Dörte-Carolin Muus, Maren Saam

Illustrationen
Eva Spanjardt u. a.

Satz und Layout
ideenreich, Melanie Reich

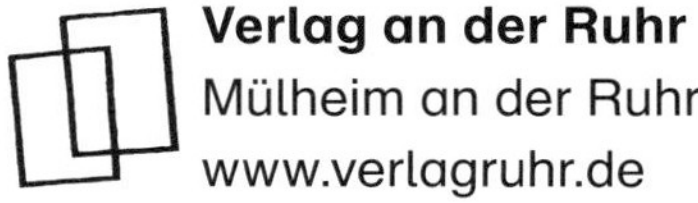
Verlag an der Ruhr
Mülheim an der Ruhr
www.verlagruhr.de

Geeignet für die Klassen 1–2

ISBN 978-3-8346-2972-2

Druck: Heenemann GmbH & Co. KG, Berlin, DE

Inhaltsverzeichnis

Vorwort

Zum Thema „Rund um das Jahr“

Das Thema „Rund um das Jahr“ bietet sich besonders zum Jahreswechsel im zweiten Schuljahr an, um den Schülern* den Verlauf eines Jahres mit seinen Besonderheiten nahezubringen. In dieser Werkstatt lernen die Kinder fächerübergreifend die typischen Merkmale der Jahreszeiten, Monate, Wochentage und den Aufbau des Kalenders kennen.

Im ersten Teil der Werkstatt werden zunächst die vier Jahreszeiten näher betrachtet. Anschließend werden diese dann im zweiten Teil in die zwölf Monate unterteilt und im dritten Teil mit den entsprechenden Wochentagen gefüllt. Im vierten Teil wird der Umgang mit dem Kalender geübt. Der fünfte Abschnitt bietet Freiarbeitsmaterialien zur Festigung und Vertiefung der Inhalte und kann zur Vorbereitung auf die Lernzielkontrolle genutzt werden.

Zum Umgang mit den Materialien

Die Materialien eignen sich sowohl für offene Lernformen, wie zum Beispiel die Werkstattarbeit und das Stationenlernen, als auch für geschlossene Unterrichtsvorhaben. Für die offeneren Lernprozesse ist es wichtig, dass vor der selbstständigen Bearbeitung der angebotenen Materialien gemeinsame Einführungen für jeden der vier Teilbereiche (Jahreszeiten, Monate, Wochentage, Kalender) stattfinden. Die Kopiervorlagen und Arbeitsblätter gliedern sich in folgende Bereiche, die jeweils durch ein Symbol gekennzeichnet sind:

* Aus Gründen der besseren Lesbarkeit haben wir in diesem Buch durchgehend die männliche Form verwendet. Natürlich sind damit auch immer Frauen und Mädchen gemeint, also Lehrerinnen, Schülerinnen etc.

Hinweise zu den Materialien

Tipps und Anregungen zu einzelnen Materialien

Jahresuhr als Bodenbild (S. 11–16)

Die Materialien für das Bodenbild müssen Sie zunächst kopieren (ggf. vergrößern), laminieren und ausschneiden. In einem Sitzkreis lässt sich dann der Aufbau des Jahreskreises mit den Materialien gemeinsam mit den Kindern erarbeiten und veranschaulichen. Der fertig gelegte Jahreskreis sollte dann nach Möglichkeit in der Klasse aufgehängt und zur Vertiefung sowie zur Bearbeitung der Arbeitsblätter genutzt werden.

Die Jahresuhr (S. 17–19)

Das Arbeitsblatt gibt es in dreifacher Ausführung. Es kann entweder als differenziertes Material angesehen werden oder als umfangreiches Übungsmaterial zur Einprägung der Monate im Jahreskreis genutzt werden.

Maxis Woche (S. 23)

Der Text „Maxis Woche" ist als Vorlesegeschichte zur Einführung der Wochentage gedacht.

Aufbau meines Kalenders (S. 30–37)

Hierfür und für die folgenden Arbeitsblätter rund um den Kalender benötigt jedes Kind einen eigenen Kalender. Es ist ratsam, dass in der Klasse viele verschiedene Kalenderarten vertreten sind und die Unterschiede und Gemeinsamkeiten vorab besprochen werden.

Freiarbeitsmaterial (S. 38–45)

Alle Freiarbeitsmaterialien außer dem Kreuzworträtsel sollten Sie zur besseren Stabilität auf Karton kopieren und evtl. laminieren. Diese können auch nach Beendigung der Werkstatt, beispielsweise in Freiarbeitsphasen, von den Kindern genutzt werden.

Zur Selbstkontrolle ist es sinnvoll, die Lösungen der Klammerkarten und der Bandolinos auf der jeweiligen Rückseite einzuzeichnen.

Weiterführende Tipps und Anregungen

Musik

Vor der Bearbeitung des Arbeitsblattes „Es war eine Mutter" bietet es sich an, das dazugehörige Lied mit den Kindern einzuüben.

Zur Festigung der Monatsnamen eignet sich das Lied „Die Jahresuhr" von Rolf Zuckowski. Als spielerische Variante kann man die Kinder in ihren Geburtsmonaten verschiedene Aktionen (aufstehen, winken, klatschen, hochspringen ...) ausführen lassen.

Deutsch

Im Fach Deutsch können die Jahreszeiten, Monatsnamen und Wochentage als Merkwörtertraining aufgegriffen werden. Dann könnten Sie bei der Lernzielkontrolle die Rechtschreibung mit bewerten.

Religion

Im Fach Religion bietet es sich an, die religiösen Feste und Feiertage eines Jahres näher zu betrachten.

Es war eine Mutter

Es war eine Mutter,
die hatte vier Kinder,
den Frühling, den Sommer,
den Herbst und den Winter.

Der Frühling bringt Blumen,
der Sommer den Klee,
der Herbst, der bringt Trauben,
der Winter den Schnee.

Und wie sie sich schwingen im Jahresreihn,
so tanzen und singen wir fröhlich darein.

1. **Lies den Liedtext „Es war eine Mutter".**
2. **Unterstreiche für jede Jahreszeit das passende Merkmal. Benutze verschiedene Buntstifte: Frühling = grün, Sommer = rot, Herbst = orange, Winter = schwarz**
3. **Male anschließend in das Kleid der Jahreszeiten-Mutter die passenden Merkmale.**

Die Jahreszeitenkinder

Male den Jahreszeitenkindern die passende Kleidung für die jeweilige Jahreszeit.

Jahreszeitenkind **Frühling**

Jahreszeitenkind **Sommer**

Jahreszeitenkind **Herbst**

Jahreszeitenkind **Winter**

© Verlag an der Ruhr | Autorinnen: Dörte-Carolin Muus, Maren Saam | ISBN 978-3-8346-2972-2 | www.verlagruhr.de

Der Jahreskreis (1/3)

1. **Schneide die Bilder aus und klebe sie zu den passenden Jahreszeitenkindern.**
2. **Hast du noch eigene Ideen? Dann schreibe oder male sie zu den Jahreszeitenkindern.**

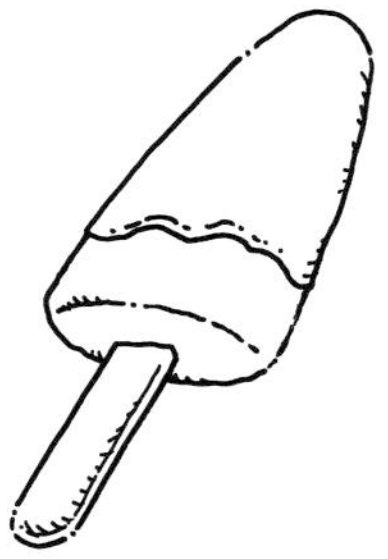

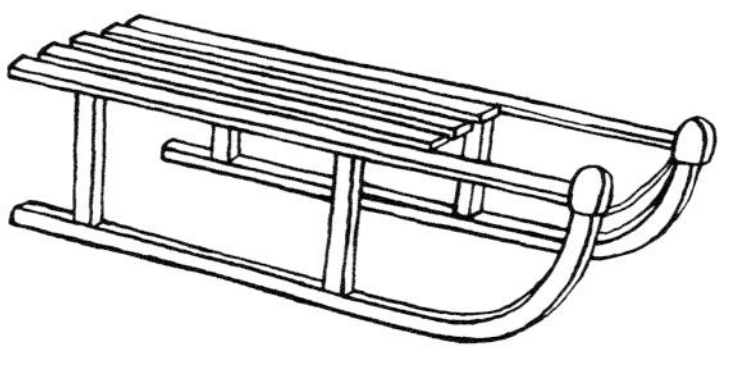

Der Jahreskreis (2/3)

Frühling

Sommer

Der Jahreskreis (3/3)

Herbst

Winter

Jahresuhr als Bodenbild (1/6)

Jahresuhr als Bodenbild (2/6)

© Verlag an der Ruhr | Autorinnen: Dörte-Carolin Muus, Maren Saam | ISBN 978-3-8346-2972-2 | www.verlagruhr.de

Jahresuhr als Bodenbild (3/6)

Frühling	Sommer
Herbst	Winter
Januar	Juli
Februar	August
März	September
April	Oktober
Mai	November
Juni	Dezember

Jahresuhr als Bodenbild (4/6)

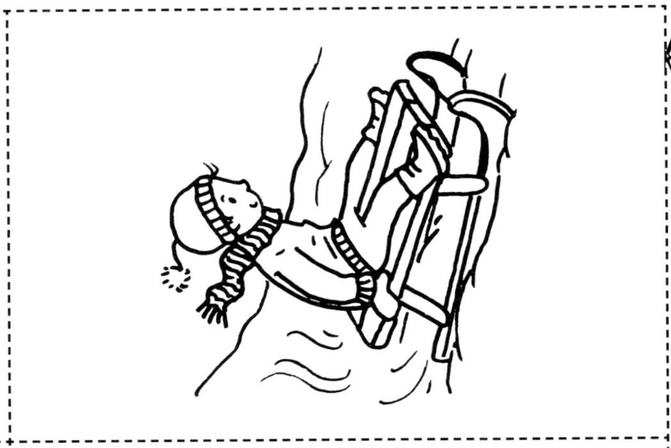

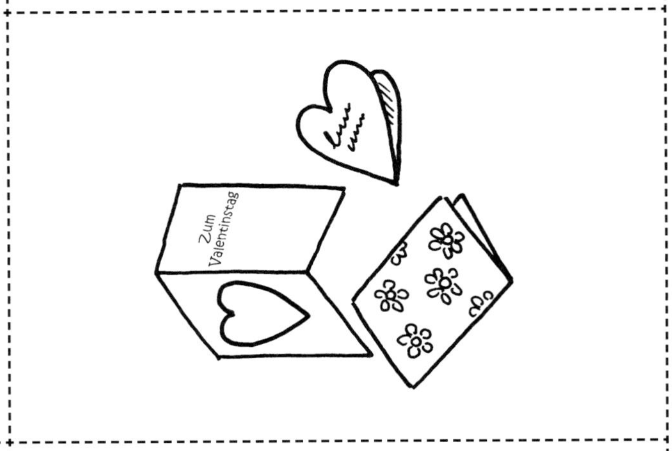

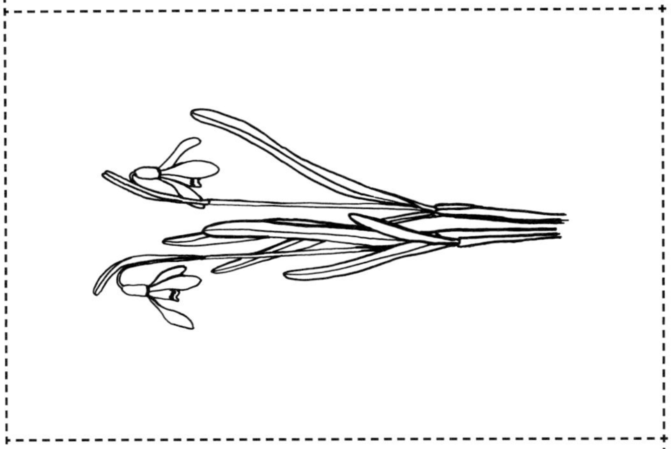

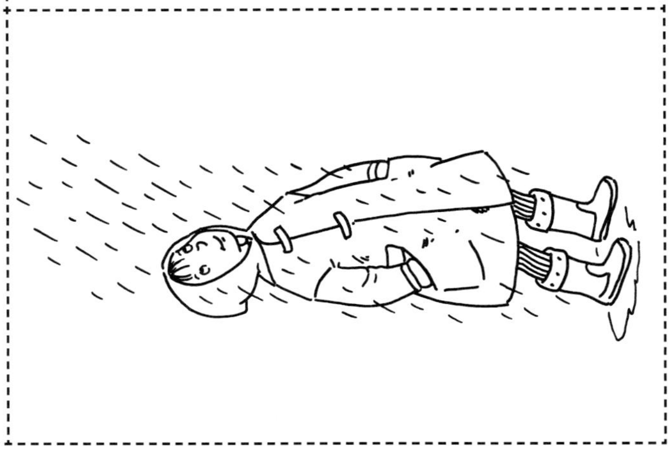

Jahresuhr als Bodenbild (5/6)

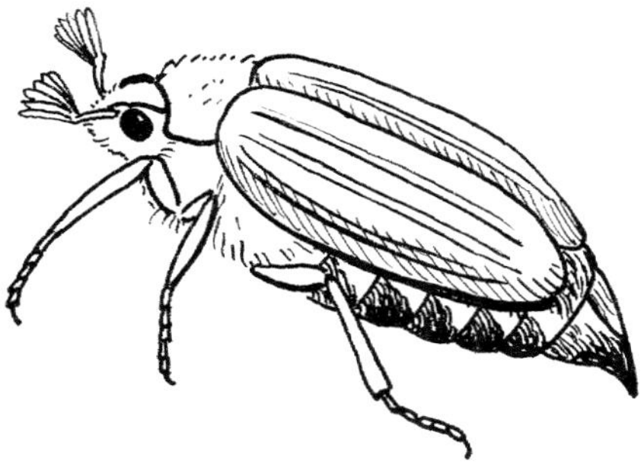

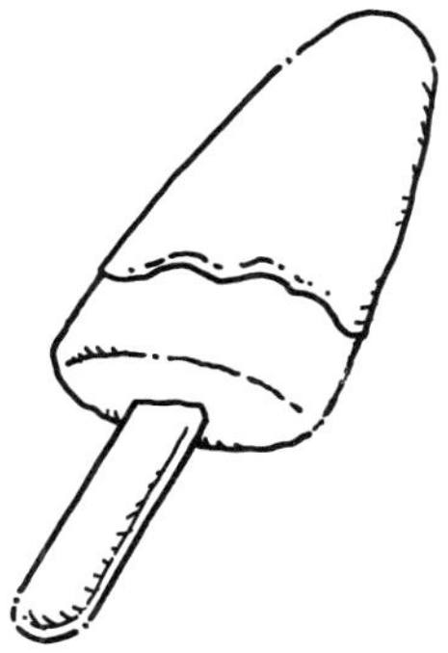

Jahresuhr als Bodenbild (6/6)

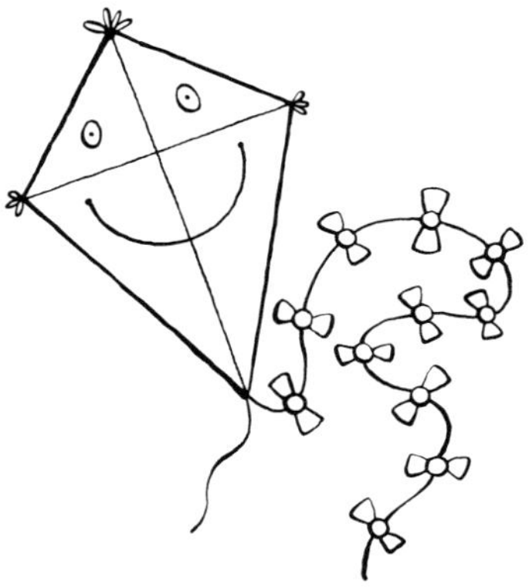

Die Jahresuhr (1/3)

1. Schneide die Bilder aus und ordne sie zu.

2. Klebe die Bilder in die Kästchen.

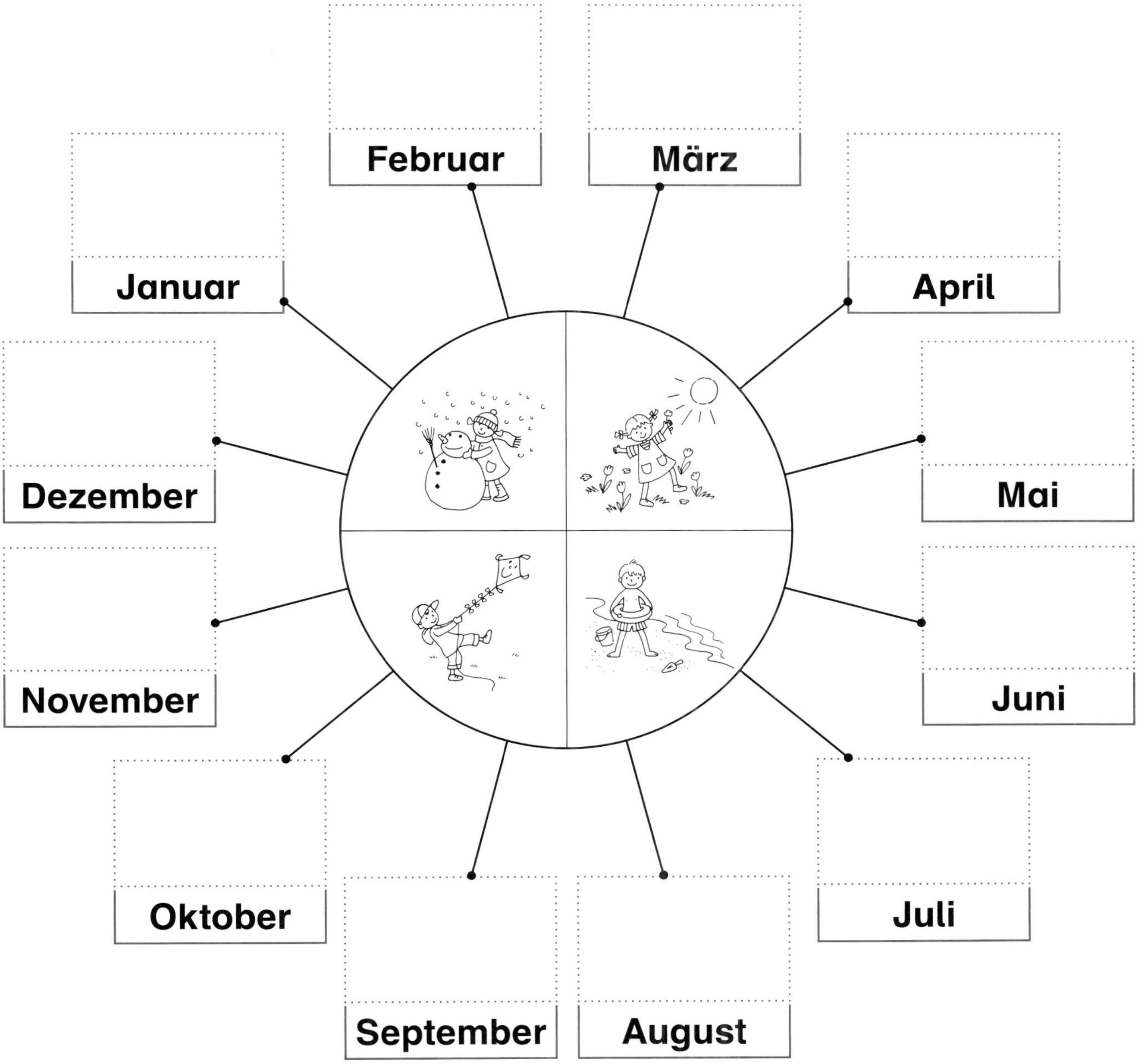

Januar

Februar

März

April

Mai

Juni

Juli

August

September

Oktober

November

Dezember

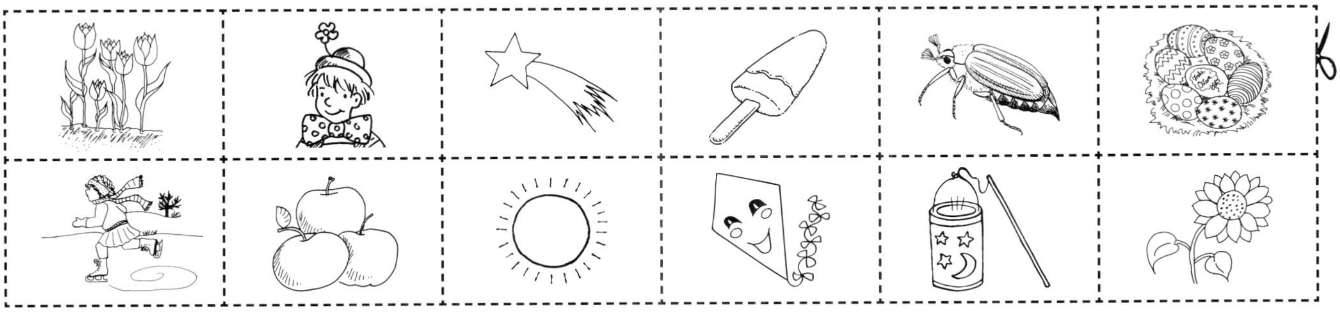

Die Jahresuhr (2/3)

1. **Schneide die Monatsnamen aus und ordne sie zu.**
2. **Klebe die Kärtchen in die Kästchen.**

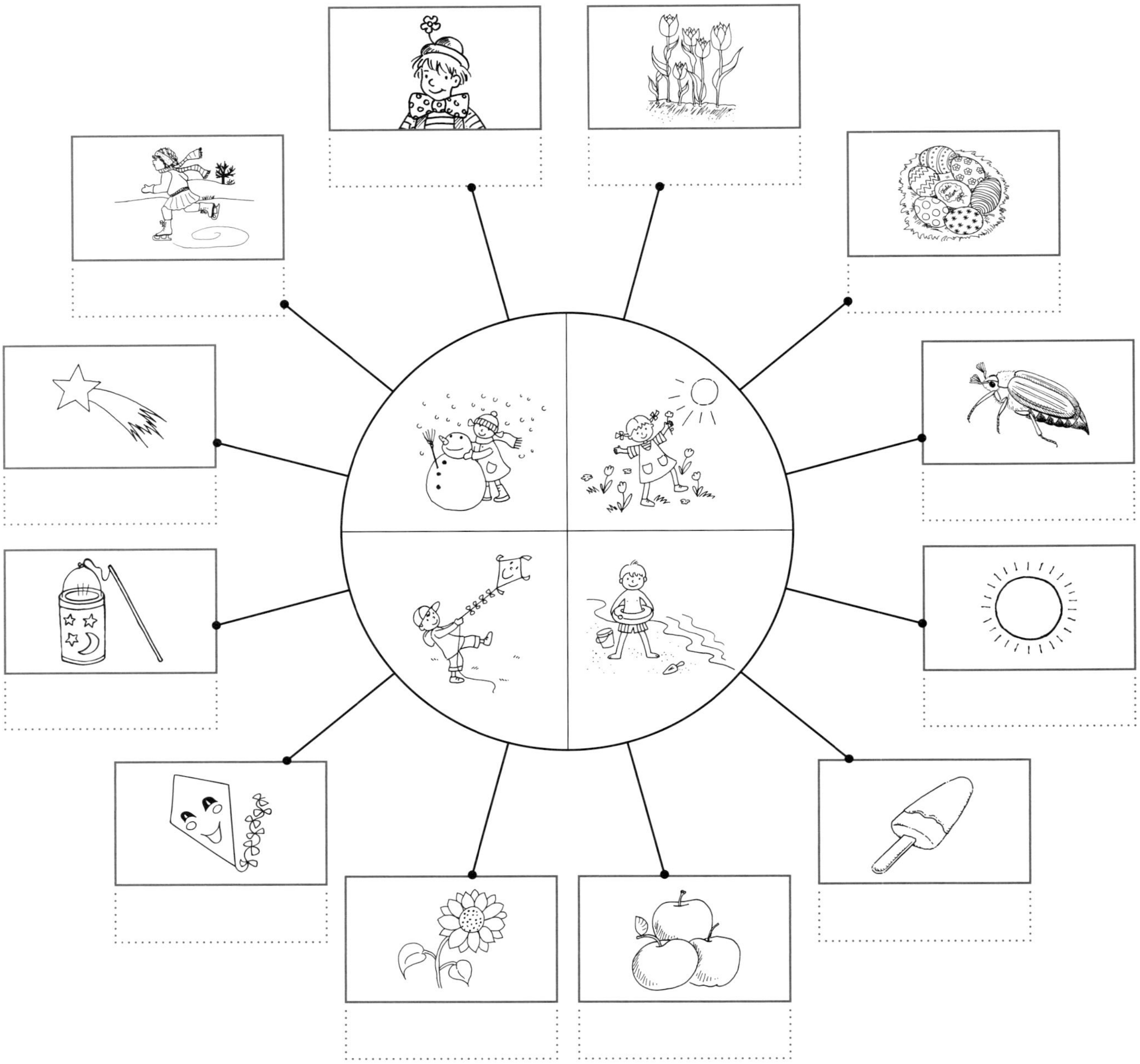

Januar	**September**	**Mai**	**November**
Dezember	**Juli**	**März**	**Juni**
August	**Februar**	**April**	**Oktober**

Die Jahresuhr (3/3)

1. **Schneide die Bilder und die Monatsnamen aus und ordne sie zu.**

2. **Klebe die Kärtchen in die Kästchen.**

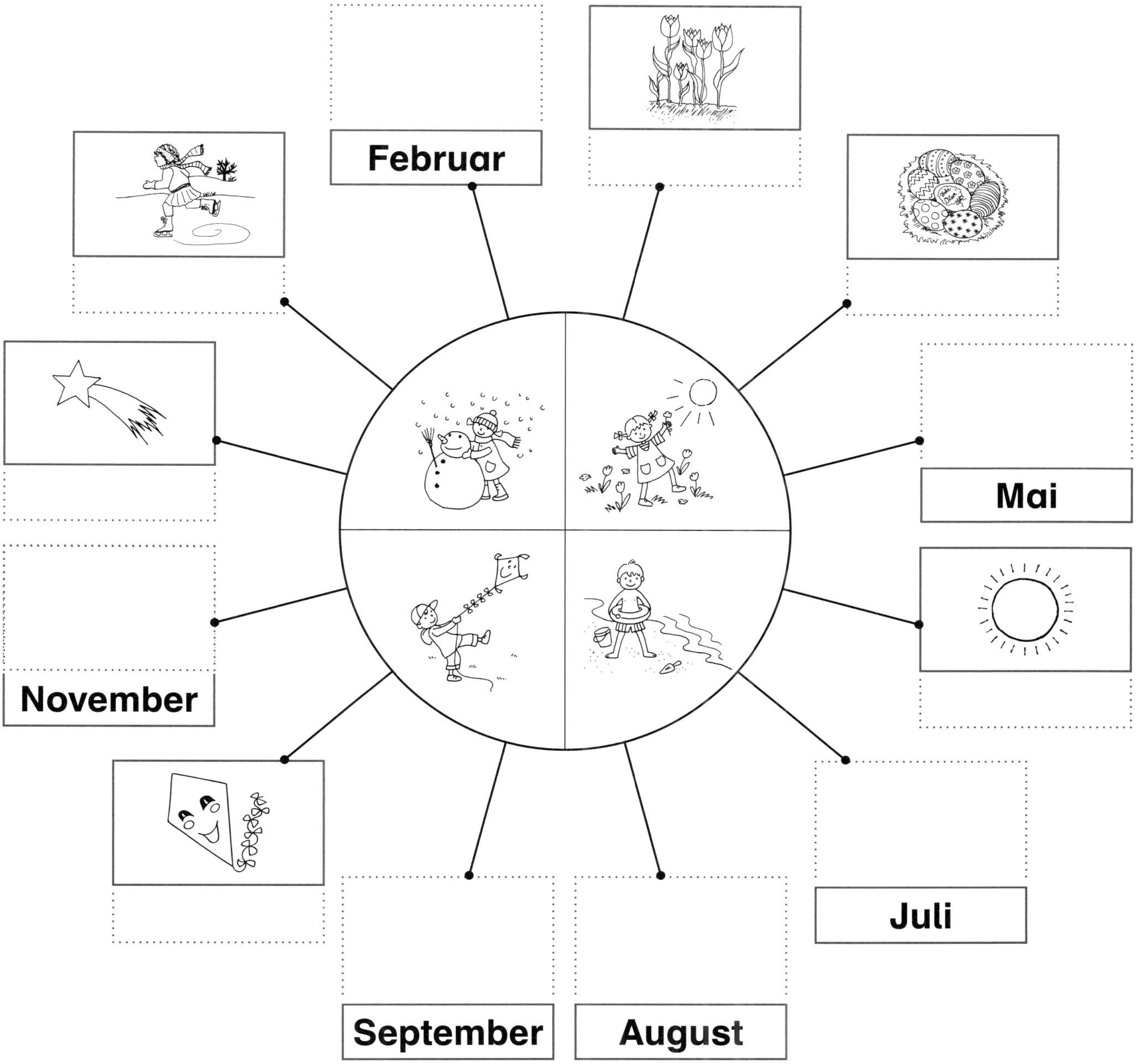

Februar

Mai

November

Juli

September

August

Januar	Juni	März	Oktober	April	Dezember

Rund um die Monate

Lies den Text und fülle die Lücken mit den richtigen Monatsnamen.

Im ____________ beginnt das Jahr. Oft ist es dann noch kalt. Der zweite Monat des Jahres ist der ____________ . Er ist auch noch ein Wintermonat. Der Frühling beginnt im ____________ . Im ____________ kommt meistens der Osterhase. Der fünfte Monat des Jahres ist der ____________ . Er wird auch oft Wonnemonat genannt. Viele Blumen blühen und es ist meistens angenehm warm. Im ____________ beginnt der Sommer. Im ____________ und im ____________ verreisen viele Leute, da in diesen beiden Monaten meistens Sommerferien sind. Der Herbst beginnt im ____________ , trotzdem ist es dann oft noch warm. In den Gärten sieht man schöne Sonnenblumen. Im ____________ lassen viele Kinder ihre Drachen steigen. Im ____________ gehen die Kinder mit ihren Laternen und feiern Sankt Martin. Auf den letzten Monat des Jahres freuen sich viele Kinder. Im ____________ beginnt der Winter. Der Nikolaus kommt und wir feiern Weihnachten. Am letzten Tag des Jahres feiern wir Silvester und begrüßen um Mitternacht das neue Jahr.

Monatsrätsel

Welcher Monatsname wird gesucht?
Schreibe die richtigen Monate auf.

Tipp: Schreibe die Monate in der richtigen Reihenfolge untereinander auf ein Blatt. Nimm dir zwei Spielfiguren und löse mit deren Hilfe die Rätsel, indem du diese auf den Monaten wie im Rätsel beschrieben bewegst.

Mit welchem Monat beginnt das Jahr?

....

Welcher Monat kommt nach dem Juli?

....

Welcher Monat ist der vierte Monat?

....

Welcher Monat kommt nach Februar?

....

Wie heißt der letzte Monat des Jahres?

....

Welcher Monat kommt nach Januar?

....

Welcher Monat liegt zwischen Mai und Juli?

....

Wie heißt der neunte Monat?

....

Wie viele Monate hat ein Jahr?

....

Mein Geburtstags-Hosentaschenbuch

1. Schneide dein Geburtstags-Hosentaschenbuch an den gestrichelten Linien aus.
2. Klebe das Buch an den Klebelaschen zusammen.
3. Falte es nun wie eine Ziehharmonika.
4. Frage deine Freunde und deine Familienmitglieder nach ihren Geburtstagen und trage sie ein.

Januar	Februar	März	April	Klebelasche
Mai	Juni	Juli	August	Klebelasche
September	Oktober	November	Dezember	

© Verlag an der Ruhr | Autorinnen: Dörte-Carolin Muus, Maren Saam | ISBN 978-3-8346-2972-2 | www.verlagruhr.de

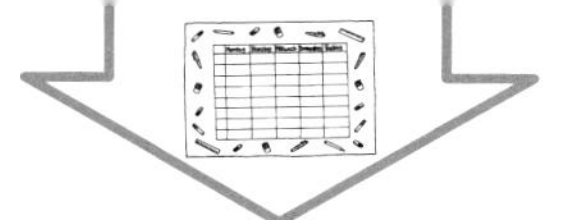

Maxis Woche

Vorlesetext

Maxi ist ein fröhlicher Junge, der die zweite Klasse besucht. Jeden Morgen springt Maxi gut gelaunt aus seinem Bett und freut sich auf seine Freunde, die er in der Schule trifft.

Maxi hat eine sehr ausgefüllte Woche mit vielen Terminen. Am Montag beginnt Maxis Woche in der ersten Schulstunde mit einem Erzählkreis. Da erzählen alle Kinder, was sie am Wochenende erlebt haben.
Nach der Schule, dem Mittagessen und den Hausaufgaben geht Maxi dann zum Gitarrenunterricht. An diesem Montag spielt er anschließend noch mit seinem Freund Peter.

Auf Dienstag freut Maxi sich immer ganz besonders. Da hat er in der Schule zwei Stunden Schwimmunterricht. Maxi liebt es, im Wasser zu schwimmen, zu tauchen und vom Dreimeterbrett zu springen.
Nach der Schule hat Maxi dann viel zu tun, denn am Dienstag wird immer der Käfig seines Hamsters ganz besonders gründlich gereinigt.
An diesem Dienstag muss Maxi sich beim Reinigen des Käfigs beeilen, denn sein bester Freund Tom feiert seinen 8. Geburtstag. Sie fahren in eine Indoorhalle und feiern dort den Kindergeburtstag.

Am Mittwoch hat Maxi in der Schule Computer-AG. Da lernt er, wie er im Internet Informationen findet und wie er einen Text schreibt und ausdruckt. Nachmittags hat Maxi Fußballtraining.
Nach dem Training ist er meistens so müde, dass er sich auf sein Bett legt und ein Buch liest.

Auch am Donnerstag hat Maxi wieder etwas Besonderes morgens in der Schule. In der ersten Stunde geht er zum Schülerparlament. Da treffen sich die Klassensprecher aller Klassen mit dem Schulleiter und besprechen Probleme, Aktionen und Termine.
Donnerstagnachmittag besucht Maxi die Musical-AG. In diesem Jahr spielt Maxi die Hauptrolle des Musicals. Er freut sich schon sehr auf die Aufführungen.

Freitag ist Maxis Lieblingstag in der Schule, denn da hat er nur vier Stunden und davon zwei Stunden Kunst. Am Freitag geht er nach der Schule mit zu seinem Freund Ole. Abends macht Maxi mit seinen Eltern einen „Kinoabend“. Er sucht einen Kinderfilm aus, den er mit seinen Eltern guckt, und dazu gibt es Chips und Limo.

Am Samstag packt Maxi morgens eine kleine Tasche mit seinem Kuscheltier, seiner Zahnbürste und seinem Schlafanzug. Dann bringt Papa ihn zu Oma und Opa, denn dort übernachtet er am Samstag.

Wenn Maxi am Sonntag wach wird, weckt er Oma und Opa. Mit Opa fährt er dann mit dem Fahrrad zum Bäcker und holt Brötchen. Nach einem leckeren Frühstück machen Oma und Opa mit ihm einen Ausflug in den Zoo.
Wenn Maxi am Sonntagabend im Bett liegt, freut er sich schon auf den Beginn der nächsten Woche, in der er wieder viele Dinge erleben wird.

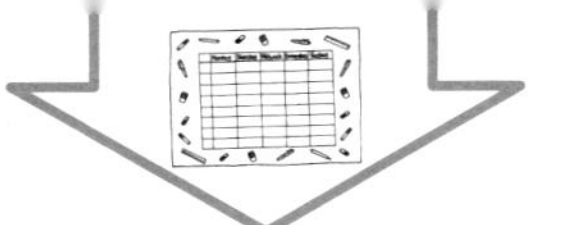

Maxis Wochenplan (1/3)

Am Montag beginnt Maxis Woche in der ersten Schulstunde mit einem Erzählkreis. Nach der Schule geht Maxi zum Gitarrenunterricht. An diesem Montag spielt er anschließend noch mit seinem Freund Peter.

Am Dienstag hat er in der Schule Schwimmen. Nach der Schule reinigt Maxi den Käfig seines Hamsters. An diesem Dienstag feiert sein bester Freund Tom seinen 8. Geburtstag in der Indoorhalle.

Am Mittwoch hat Maxi in der Schule Computer-AG. Nachmittags geht er zum Fußballtraining. Nach dem Training liest er ein Buch.

Am Donnerstag geht Maxi in der ersten Stunde zum Schülerparlament. Am Nachmittag ist Musical-AG.

Am Freitag hat Maxi nur vier Stunden und davon zwei Stunden Kunst. Nach der Schule geht er mit zu seinem Freund Ole. Abends macht Maxi mit seinen Eltern einen „Kinoabend“.

Am Samstag packt Maxi morgens eine kleine Tasche. Dann bringt Papa ihn zu Oma und Opa, denn dort übernachtet er am Samstag.

Wenn Maxi am Sonntag wach wird, weckt er Oma und Opa. Mit Opa holt er beim Bäcker Brötchen. Oma und Opa gehen mit ihm in den Zoo.

1. **Lies den Text „Maxis Wochenplan“.**
2. **Unterstreiche die Wochentage rot.**
3. **Unterstreiche alles, was Maxi tut, blau.**

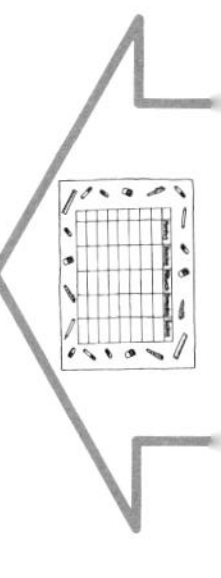

Maxis Wochenplan (2/3)

Fülle Maxis Wochenplan aus.

Du kannst schreiben, malen oder die Bilder ausschneiden und aufkleben.

Montag	Dienstag	Mittwoch	Donnerstag	Freitag	Samstag	Sonntag

Maxis Wochenplan (3/3)

Schneide die Bilder aus und klebe sie in Maxis Wochenplan ein.

Meine Woche

Schreibe in Rot: Aktivitäten, die du jede Woche hast.
(zum Beispiel: Fußball, Ballett, Gitarre)
Schreibe in Blau: Aktivitäten, die du nur diese Woche hast.

Montag	
Dienstag	
Mittwoch	
Donnerstag	
Freitag	
Samstag	
Sonntag	

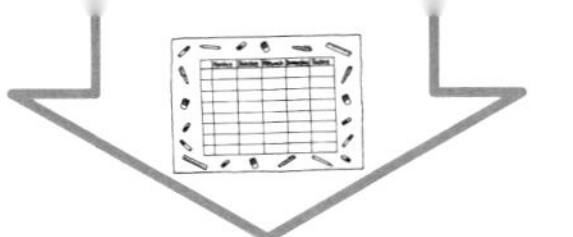

Wochentagsrätsel

Welcher Wochentag wird gesucht?
Schreibe die richtigen Wochentage auf.

> **Tipp:** Schreibe die Wochentage in der richtigen Reihenfolge untereinander auf ein Blatt. Nimm dir zwei Spielfiguren und löse mit deren Hilfe die Rätsel, indem du diese auf den Wochentagen wie im Rätsel beschrieben bewegst.

Heute ist Montag.
Welcher Tag ist morgen?

....

Heute ist Donnerstag.
Welcher Tag war gestern?

....

Morgen ist Dienstag.
Welcher Tag ist heute?

....

Morgen ist Sonntag.
Welcher Tag war gestern?

....

Gestern war Freitag. Welcher Tag ist morgen?

....

Gestern war Dienstag. Welcher Tag war vorgestern?

....

Vorgestern war Donnerstag. Welcher Tag ist heute?

....

Morgen ist Dienstag. Welcher Tag war gestern?

....

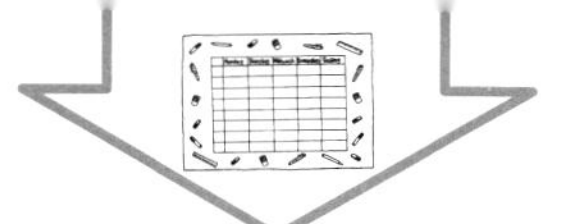

Was hat der Mond mit unserer Woche zu tun?

Wie du sicher weißt, wandert der Mond um die Erde. Die Erde dreht sich währenddessen auch um die eigene Achse. Daher sieht der Mond für uns Menschen jeden Tag anders aus. Der Mond wird von der Sonne angestrahlt, aber wir können von der Erde dieses Licht nicht immer sehen. So haben wir verschiedene Mondphasen:

Vollmond ◯ (der Mond ist voll sichtbar), abnehmender Mond ☾, Neumond ● (der Mond ist gar nicht sichtbar), zunehmender Mond ☽

Jede Mondphase dauert 7 Tage. Die Mondphasen haben die Menschen früher zur Zeiteinteilung genutzt und legten so fest, dass eine Woche 7 Tage hat.

Beschrifte die Mondphasen mit den richtigen Namen. Male den Teil des Mondes, den wir von der Erde aus sehen können, gelb an.

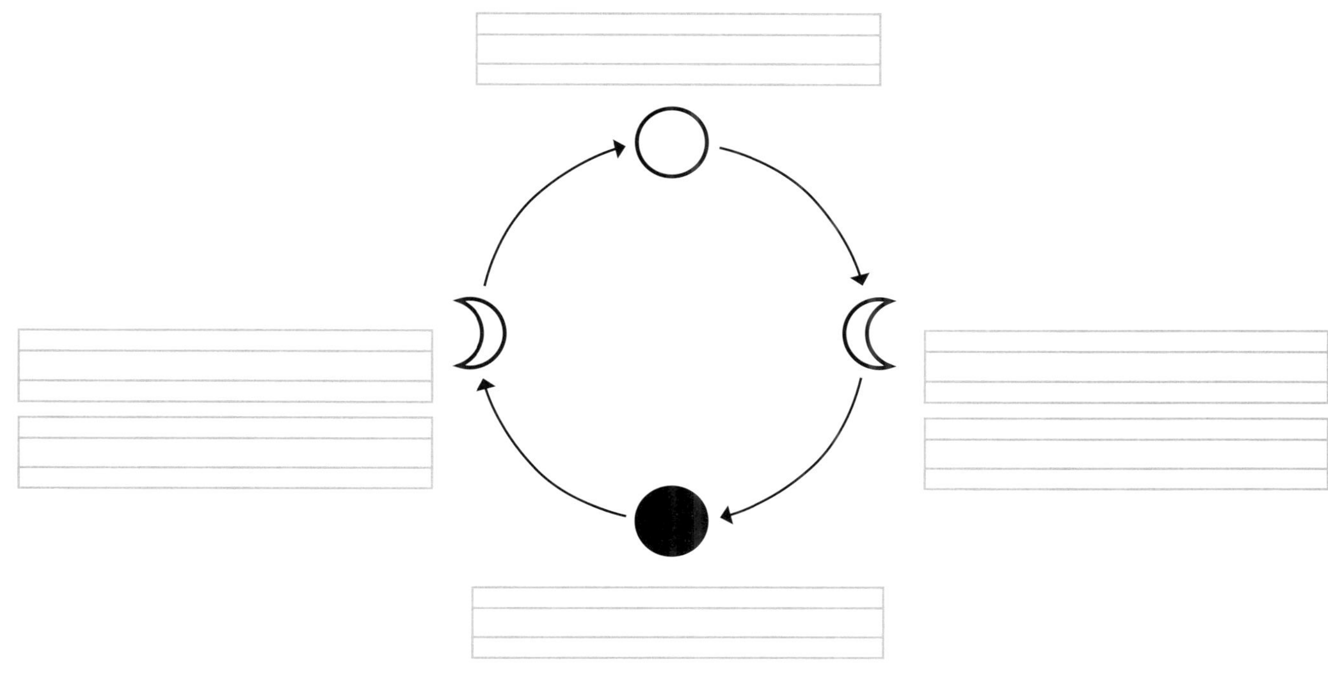

Aufbau meines Kalenders

1. Es gibt viele verschiedene Kalenderarten.
Schaue dir deinen Kalender genauer an.
Beantworte die folgenden Fragen im ganzen Satz.

a) Was ist auf dem Deckblatt deines Kalenders zu sehen? Beschreibe.

b) Schau dir das erste Kalenderblatt an.
Ist dort das Datum eines Tages, die Daten einer Woche oder eines Monats zu sehen? Kreuze an.

- ☐ Ich habe einen Tageskalender.
- ☐ Ich habe einen Wochenkalender.
- ☐ Ich habe einen Monatskalender.

c) Wie viele Blätter hat dein Kalender?

d) Gibt es in deinem Kalender noch andere Seiten?
Welche? Schreibe auf.

2. Suche dir einen Partner. Vergleicht eure Kalender.
Was ist gleich? Worin unterscheiden sich eure Kalender?

Wie viele Tage haben die einzelnen Monate?

1. Nimm deinen Kalender und schaue nach, wie viele Tage jeder Monat hat. Trage die Anzahl ein.

Januar = 31 Tage	Februar =	März =
April =	Mai =	Juni =
Juli =	August =	September =
Oktober =	November =	Dezember =

2. Was fällt dir auf, wenn du die Anzahl der Tage der einzelnen Monate vergleichst? Fülle den Lückentext aus.

.... Monate haben 31 Tage. .... Monate haben 30 Tage.

Ein Monat hat .... Tage. Dieser Monat heißt ....

3. Der Monat Februar hat meistens 28 Tage. Aber alle vier Jahre gibt es das sogenannte Schaltjahr. Dann hat der Februar 29 Tage.

Finde heraus, wann das nächste Schaltjahr ist und wann das letzte Schaltjahr war. Schreibe auf.

Tipp: Schaue unter www.kalenderpedia.de/schaltjahre.html nach.

Faustregel

1. Schau dir die Abbildung an und versuche die „Faustregel“ zu erkennen. Sprich mit deinem Partner darüber.

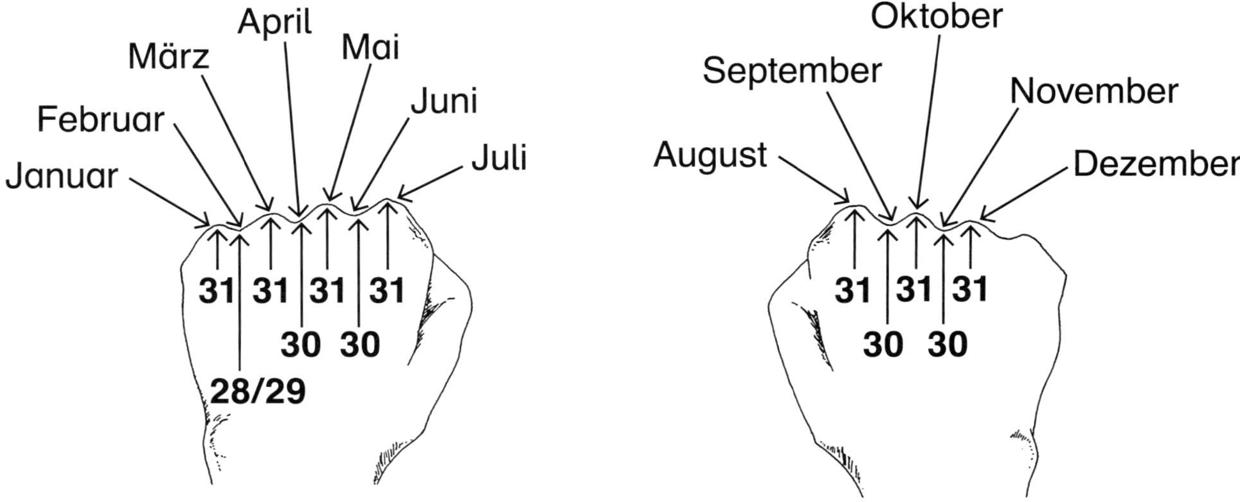

Mithilfe deiner Fäuste kannst du ganz leicht die Anzahl der Wochentage eines Monats bestimmen.
Die Monate, die auf einem Knöchel liegen, haben 31 Tage.
Die Monate, die zwischen zwei Knöcheln im Tal liegen, haben 30 Tage. Die einzige Ausnahme ist der Februar.
Er hat 28 oder 29 Tage. Das musst du dir merken.

2. Schau dir die Abbildung der Fäuste genau an und schreibe die Anzahl der Tage der genannten Monate auf.

Mai = Tage	September = Tage	November = Tage
Januar = Tage	August = Tage	März = Tage

3. Jetzt knick die Abbildung nach hinten. Nimm deine beiden Fäuste und bestimme die Anzahl der Tage der genannten Monate. Kontrolliere mit der Abbildung.

Februar = Tage	April = Tage	Juli = Tage
Dezember = Tage	Juni = Tage	Oktober = Tage

Wie beeinflusst die Sonne unser Jahr?

Die Erde dreht sich um sich selbst und um die Sonne. Die Erde dreht sich in 24 Stunden, also an einem Tag, einmal um sich selbst. Um die Sonne zu umrunden, benötigt die Erde ein Jahr. Die Sonne bleibt immer am selben Platz. Durch die Drehung der Erde sieht es aber so aus, als ob die Sonne auf- und untergehen würde.

1. Richtig oder falsch? Kreuze an.

	richtig	falsch
Die Sonne dreht sich um die Erde.		
Die Erde braucht 24 Stunden, um die Sonne zu umrunden.		
Die Erde dreht sich an einem Tag einmal um sich selbst.		
Die Erde braucht ein Jahr, um die Sonne zu umrunden.		

2. Warum gibt es Schaltjahre? Lies den Text.

Ein Jahr hat genau 365 Tage und 6 Stunden.
Jedes Jahr bleiben also 6 Stunden übrig. Wenn man diese 6 Stunden von 4 Jahren zusammen nimmt (4 mal 6), ergibt das 24 Stunden, also einen Tag. Daher ist alle 4 Jahre das Jahr einen Tag länger. Dieser eine Tag ist der 29. Februar. Diese Jahre nennt man Schaltjahre.

3. Richtig oder falsch? Kreuze an.

	richtig	falsch
Ein Schaltjahr hat einen Tag weniger.		
Im Schaltjahr gibt es den 29. Februar.		
Alle 4 Jahre ist ein Schaltjahr.		

Das Datum

Das Datum kann man auf zwei verschiedene Arten schreiben.

Beispiele: 1. Januar 2015 oder 1.1.2015
23. Februar 2015 oder 23.2.2015

23.2.2015

Die dritte Zahl (2015) gibt das jeweilige Jahr an.
Die zweite Zahl (2.) gibt den Monat des Jahres an.
Die erste Zahl (23.) gibt den Tag in dem jeweiligen Monat an.

1. **Ergänze hinter dem Datum jeweils die gültige Jahreszahl.**
2. **Schreibe das Datum mit Zahlen auf.**

25. Juni ....

16. August ....

8. März ....

12. April ....

11. November ....

3. **Schreibe das Datum mit dem Monat als Wort auf.**

17.2. ....

23.7. ....

7.9. ....

14.12. ....

4.6. ....

Wir sind Kalenderforscher

1. Ergänze hinter dem Datum jeweils die gültige Jahreszahl.

2. Finde die Wochentage mithilfe deines Kalenders heraus und schreibe sie auf.

Datum	Wochentag
9. März	
25. Juni	
20. November	
1. Dezember	
23. Mai	
14. September	

3. Schreibe das Datum mit Monatsnamen und Jahr in die 2. Spalte. Finde den Wochentag mithilfe deines Kalenders heraus und schreibe ihn auf.

Datum	Datum	Wochentag
23.12.	23. Dezember	
16.7.		
28.5.		
13.1.		
15.9.		
26.4.		

Wie viele Tage dauert es noch?

Überlege, wie viele Tage von einem Datum zum anderen vergehen.

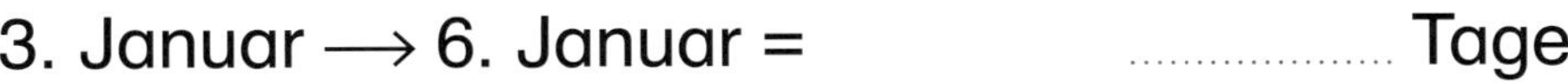

3. Januar ⟶ 6. Januar = ... Tage

20. April ⟶ 30. April = ... Tage

17. Juni ⟶ 25. Juni = ... Tage

29. November ⟶ 2. Dezember = ... Tage

11. August ⟶ 28. August = ... Tage

24. März ⟶ 1. April = ... Tage

8. Februar ⟶ 21. Februar = ... Tage

15. Mai ⟶ 30. Mai = ... Tage

25. Juli ⟶ 3. August = ... Tage

29. Oktober ⟶ 13. November = ... Tage

14. Januar ⟶ 11. Februar = ... Tage

24. April ⟶ 2. Juni = ... Tage

Tipp:
Dein Kalender kann dir helfen.

Feiertage

1. Viele Feste feiern wir jedes Jahr am selben Datum. Finde die Daten zu den folgenden Festen mithilfe des Kalenders heraus.

Fest	Datum
Nikolaus	
Heiligabend	
Neujahr	
Silvester	
St. Martin	

Dein Geburtstag ist auch jedes Jahr am selben Datum.

2. Schreibe dein Geburtsdatum auf:  ....

3. An welchem Wochentag hast du in diesem Jahr Geburtstag? Schaue in deinem Kalender nach und schreibe den Wochentag auf:

....

4. Einige Feste werden jedes Jahr an unterschiedlichen Daten gefeiert. Schaue in deinem Kalender nach, wann die folgenden Feste in diesem Jahr gefeiert werden. Trage das Datum ein.

Fest	Datum
Rosenmontag	
Karfreitag	
Ostersonntag	
Muttertag	
1. Advent	

Kreuzworträtsel

Löse das Kreuzworträtsel.

Waagerecht →

2. In welchem Monat kommt der Nikolaus?
4. Wie viele Tage hat eine Woche?
5. Wie heißt die kälteste Jahreszeit?
7. Wie heißt der 5. Monat im Jahr?
8. Wie heißt der 1. Monat im Jahr?
9. In welcher Jahreszeit scheint oft die Sonne?
11. In welcher Jahreszeit färben sich die Blätter bunt?
13. Welcher Tag kommt nach dem Samstag?
14. Wie heißt der 4. Monat im Jahr?

Senkrecht ↓

1. Wie heißt der 2. Tag der Woche?
3. Morgen ist Freitag. Welcher Tag ist heute?
6. Im November gehen viele Kinder mit ihrer …
10. Wie heißt der 1. Tag der Woche?
12. Wie heißt der 6. Monat im Jahr?

1 2 3 4 5 6 7 8 9 10 11 12 13 14

© Verlag an der Ruhr | Autorinnen: Dörte-Carolin Muus, Maren Saam | ISBN 978-3-8346-2972-2 | www.verlagruhr.de

Jahreszeiten-Spiel (1/4)

Spieler:
2–4 Mitspieler

Material:
➔ Spielbrett
➔ für jeden Mitspieler eine Spielfigur
➔ Würfel

Spielvorbereitung:
Mischt die Fragekarten.
Legt den Stapel verdeckt auf das entsprechende Feld.
Stellt alle Spielfiguren auf das Startfeld. Würfelt reihum.
Der Spieler, der im Jahr als Erster Geburtstag hat, beginnt.

Spielregeln:
Ein Spieler würfelt und bewegt seine Spielfigur entsprechend der Augenzahl.
Kommt ein Spieler auf das Fragezeichenfeld (?), muss ein Mitspieler die obere Karte des Fragestapels ziehen und die Frage vorlesen.

Der Spieler, der auf dem Fragezeichenfeld steht, muss antworten.
Bei richtiger Antwort darf der Spieler ein Feld vorrücken, bei falscher Antwort muss er ein Feld zurückgehen.

Landet ein Spieler auf einem Jahreszeitenfeld, darf er noch einmal würfeln.

Gewonnen hat, wer als Erster das Zielfeld erreicht.

Viel Spaß!

Jahreszeiten-Spiel (2/4)

Spielplan

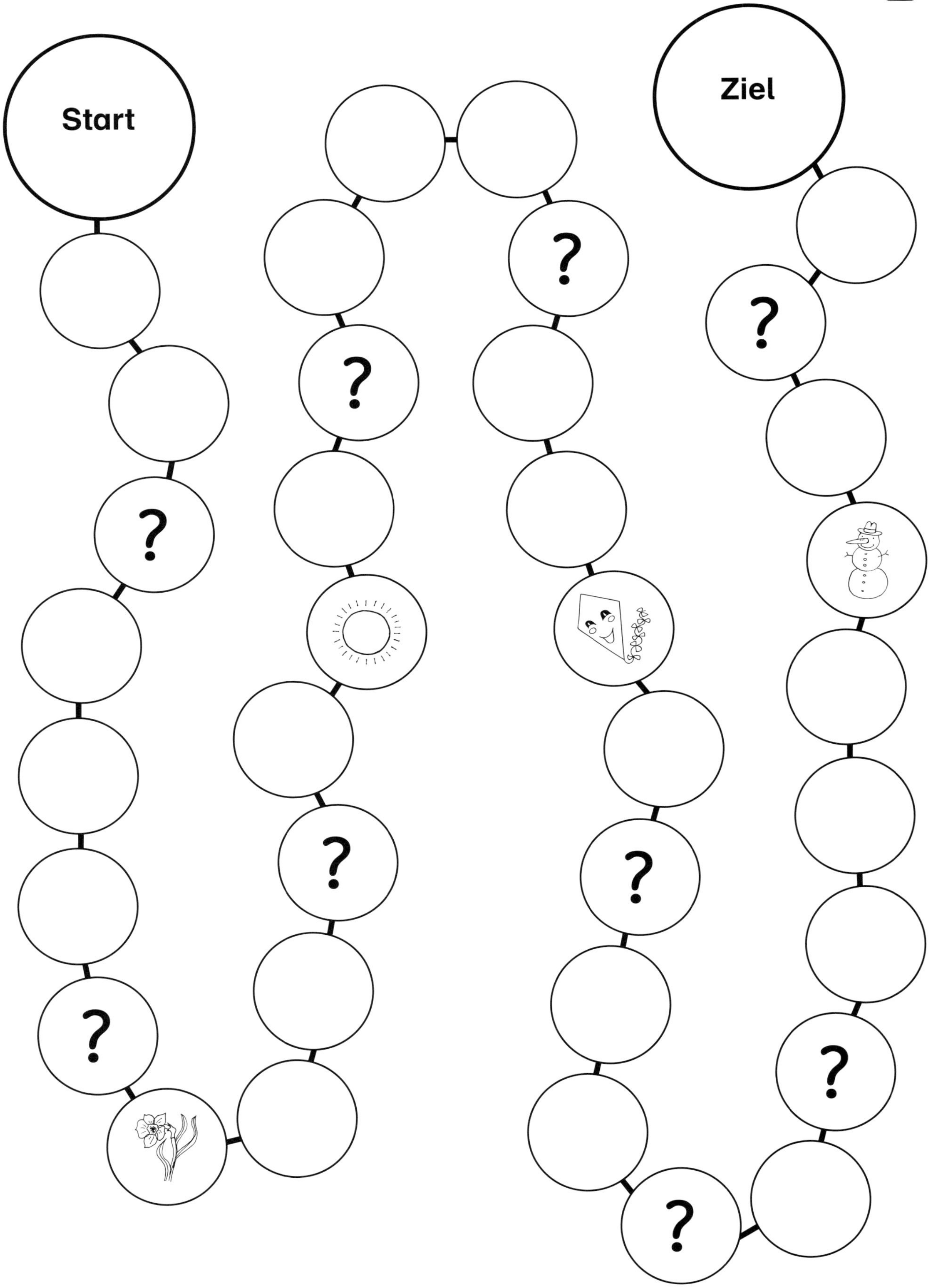

Start

?

?

?

?

?

?

?

?

Ziel

Jahreszeiten-Spiel (3/4)

Fragekarten

? Welche Jahreszeit kommt nach dem Sommer? ?

Lösung: Herbst

? Wie viele Jahreszeiten gibt es? ?

Lösung: 4

? In welcher Jahreszeit können wir Schlitten fahren? ?

Lösung: Winter

? In welcher Jahreszeit blühen die ersten Blumen? ?

Lösung: Frühling

? In welcher Jahreszeit gehen wir ins Freibad? ?

Lösung: Sommer

? In welcher Jahreszeit feiern viele Menschen Weihnachten? ?

Lösung: Winter

? Wie heißen die vier Jahreszeiten? ?

Lösung: Frühling, Sommer, Herbst, Winter

? Welche Kleidungsstücke trägt man im Winter? ?

Lösung: Mütze, Schal, Handschuhe …

? In welcher Jahreszeit kommt der Osterhase? ?

Lösung: Frühling

? Welche Jahreszeit ist die wärmste? ?

Lösung: Sommer

Jahreszeiten-Spiel (4/4)

Fragekarten

? Zu welcher Jahreszeit gehört der Monat April?

Lösung: Frühling ?

? Zu welcher Jahreszeit gehört der Monat Oktober?

Lösung: Herbst ?

? Zu welcher Jahreszeit gehört der Monat Januar?

Lösung: Winter ?

? Zu welcher Jahreszeit gehören die Monate Juli und August?

Lösung: Sommer ?

? Nenne drei Dinge, die du im Sommer machen kannst.

Lösung: schwimmen, Eis essen, sonnen, … ?

? Nenne zwei Dinge, die du im Winter machen kannst.

Lösung: Schlitten fahren, Schneemann bauen … ?

? In welcher Jahreszeit haben wir die längsten Ferien?

Lösung: Sommer ?

? In welcher Jahreszeit gehen wir mit der Laterne?

Lösung: Herbst ?

? In welcher Jahreszeit ist es abends länger hell? Im Winter oder im Sommer?

Lösung: Sommer ?

? Welche Jahreszeit kommt nach dem Winter?

Lösung: Frühling ?

Klammerkarten

Richtig oder falsch? Hefte an die richtigen Antworten eine Klammer. Kontrolliere mit der Rückseite.

Das Jahr hat 24 Monate.
Es gibt Monate mit 30 Tagen und Monate mit 31 Tagen.
Der März kommt nach dem Februar.
Die vier Jahreszeiten heißen Frühling, Sommer, Herbst und Winter.
Vor dem August kommt der September.
Eine Woche hat 7 Tage.
Der dritte Tag der Woche ist der Montag.

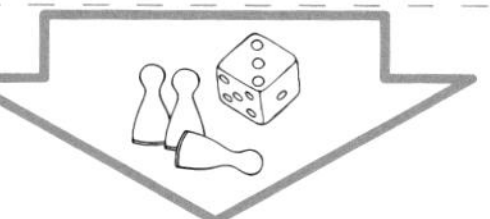

Klammerkarten

Richtig oder falsch? Hefte an die richtigen Antworten eine Klammer. Kontrolliere mit der Rückseite.

Der Februar hat 28 oder 29 Tage.
Alle 4 Jahre ist ein Schaltjahr.
Im Frühling fallen die Blätter von den Bäumen.
Nach dem Sommer kommt der Herbst.
Der letzte Tag der Woche ist der Sonntag.
Nach dem Dienstag kommt der Mittwoch.
Alle Feiertage sind jedes Jahr am selben Datum.

Jahreszeiten-Domino

Start 	Das Jahr hat 12 Monate.	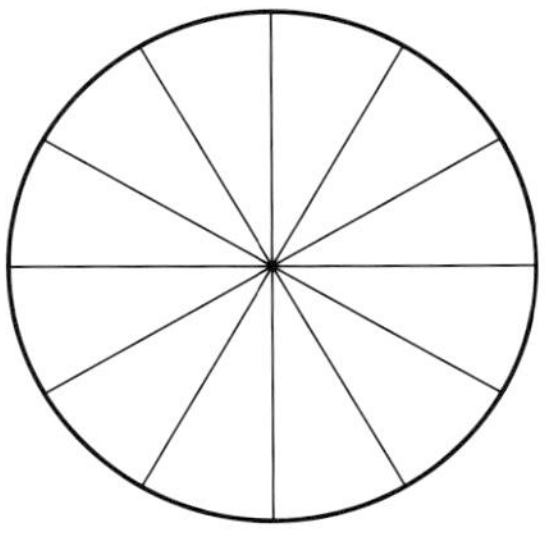	Wir haben vier Jahreszeiten.
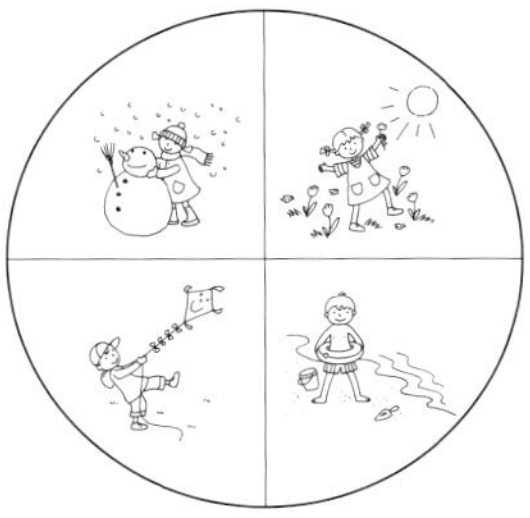	Im Winter können wir Schlitten fahren und Schneemänner bauen.		Im Frühling wachsen viele neue Blumen und der Osterhase kommt.
	Im Sommer gehen alle Kinder gern ins Freibad.		Im Herbst ist es oft windig und wir können Drachen steigen lassen.
	**Ende** 		

Monats-Bandolino

Das Jahr hat	366 Tage.
Ein Schaltjahr hat	der erste Monat im Jahr.
Der Februar hat	365 Tage.
Der Januar ist	der Sommer.
Der Dezember ist	28 oder 29 Tage.
Im Juni beginnt	der Winter.
Im März endet	im September.
Der Herbst beginnt	der letzte Monat im Jahr.

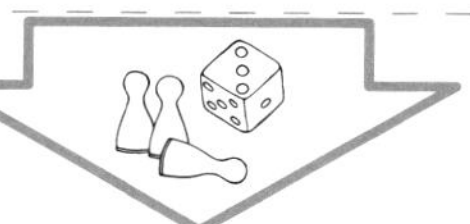

Wochentags-Bandolino

Eine Woche hat	kommt der Dienstag.
Die Woche beginnt mit	morgen ist Mittwoch.
Die Woche endet mit	7 Tage.
Nach dem Montag	heute ist Samstag.
Vor dem Samstag	dem Montag.
Heute ist Dienstag,	heute ist Donnerstag.
Gestern war Freitag,	dem Sonntag.
Morgen ist Freitag,	kommt der Freitag.

© Verlag an der Ruhr | Autorinnen: Dörte-Carolin Muus, Maren Saam | ISBN 978-3-8346-2972-2 | www.verlagruhr.de

Der Kalender | 45

Lernzielkontrolle für Kalender-Experten (1/2)

Name:

1. Wie heißen die Monate?

3. Monat ____ 1. Monat ____

5. Monat ____ 9. Monat ____

7. Monat ____ 10. Monat ____

2. Monat ____ 6. Monat ____

11. Monat ____ 8. Monat ____

4. Monat ____ 12. Monat ____

2. Schreibe die fehlenden Wochentage in die Lücken.

Der erste Tag der Woche heißt ____.

Der letzte Tag der Woche heißt ____.

Nach dem Montag folgt der ____.

Der fünfte Tag der Woche heißt ____.

Der Tag in der Mitte der Woche heißt ____.

Vor dem Freitag kommt der ____.

Vor dem Sonntag kommt der ____.

Lernzielkontrolle für Kalender-Experten (2/2)

3. Verbinde die passenden Satzteile und schreibe die Sätze auf.

Im Winter	lassen wir Drachen steigen.
Im Sommer	können wir Schlitten fahren.
Im Frühling	wachsen neue Blumen.
Im Herbst	gehen wir ins Freibad.

	☺ (Krone)	☺	😐	☹
Du kannst die Monate richtig zuordnen.				
Du kennst die Reihenfolge der Wochentage.				
Du hast beim Abschreiben Fehler gemacht.				

Medientipps

Literatur

Christgau-Jaschik, Miriam u. a.:
Jahreszeitenpaket für die Grundschule, 7 Bde.
Oldenbourg, 2005.
ISBN 978-3-637-00069-8

Dieck, Regina; Jacobasch, Grit; Schwanz, Anke:
Naturentdecker unterwegs.
Verlag an der Ruhr, 2014.
ISBN 978-3-8346-2601-1

Droop, Constanza:
Die Jahreszeiten.
Ravensburger Buchverlag, 2014.
ISBN 978-3-473-32730-0

Hering, Wolfgang:
Vier Jahreszeiten-Musicals (mit 2 CDs).
Schott Music, 2015.
ISBN 978-3-7957-4484-7

Mayrhofer, Gertraud:
Kinder tanzen aus der Reihe (mit Audio-CD).
Ökotopia, 2004.
ISBN 978-3-936286-45-8

Reinhardt, Andrea:
Kunst-Highlights für Frühling und Sommer.
Verlag an der Ruhr, 2012.
ISBN 978-3-8346-0957-1

Ergänzendes Unterrichtsmaterial

Lied „Das Jahr" mit didaktischen Tipps zur Umsetzung im Unterricht, in:
Grundschule Musik Sammelband „Die Top Jahreszeitenhits" (inkl. CD).
Friedrich-Verlag 2009.

Lied „Eine Woche hat sieben Tage", in:
Vorschul-Wissen mit „Junge Dichter und Denker".
(Sonder-Edition für JAKO-O)

Lied „Monate und Jahreszeiten", in:
Vorschul-Wissen mit „Junge Dichter und Denker".
(Sonder-Edition für JAKO-O)

Nützliche Internetadressen

www.mathemonsterchen.de
In der Rubrik „Kalender" finden sich Materialien zum Kalender des aktuellen Jahres.

www.zaubereinmaleins.de
Hier ist eine Registrierung notwendig.
In der Rubrik „Jahreszeitenkiste" (Neuheiten 2015) finden sich Materialien, die für Klasse 1 bzw. für leistungsschwächere Kinder der Klasse 2 und für die Inklusion geeignet sind.